RAÍZES E CICATRIZES

Editora Appris Ltda.
1.ª Edição - Copyright© 2021 da autora
Direitos de Edição Reservados à Editora Appris Ltda.

Nenhuma parte desta obra poderá ser utilizada indevidamente, sem estar de acordo com a Lei nº 9.610/98. Se incorreções forem encontradas, serão de exclusiva responsabilidade de seus organizadores. Foi realizado o Depósito Legal na Fundação Biblioteca Nacional, de acordo com as Leis nos 10.994, de 14/12/2004, e 12.192, de 14/01/2010.

Catalogação na Fonte
Elaborado por: Josefina A. S. Guedes
Bibliotecária CRB 9/870

B142r 2021	Baeta, Ana Lúcia Paiva
	    Raízes e cicatrizes / Ana Lúcia Paiva Baeta.
	- 1. ed. - Curitiba: Appris, 2021.
	    173 p.; 21 cm. - (Coleção geral)
	
	    ISBN 978-65-250-1770-9
	
	1. Poesia brasileira. 2. Cananeia (SP). I. Título.
	
	                                       CDD – 869.1

Livro de acordo com a normalização técnica da ABNT

Appris *editora*

Editora e Livraria Appris Ltda.
Av. Manoel Ribas, 2265 – Mercês
Curitiba/PR – CEP: 80810-002
Tel. (41) 3156 - 4731
www.editoraappris.com.br

Printed in Brazil
Impresso no Brasil

Ana Lúcia Paiva Baeta

RAÍZES E CICATRIZES

FICHA TÉCNICA

EDITORIAL	Augusto V. de A. Coelho
	Marli Caetano
	Sara C. de Andrade Coelho
COMITÊ EDITORIAL	Andréa Barbosa Gouveia (UFPR)
	Jacques de Lima Ferreira (UP)
	Marilda Aparecida Behrens (PUCPR)
	Ana El Achkar (UNIVERSO/RJ)
	Conrado Moreira Mendes (PUC-MG)
	Eliete Correia dos Santos (UEPB)
	Fabiano Santos (UERJ/IESP)
	Francinete Fernandes de Sousa (UEPB)
	Francisco Carlos Duarte (PUCPR)
	Francisco de Assis (Fiam-Faam, SP, Brasil)
	Juliana Reichert Assunção Tonelli (UEL)
	Maria Aparecida Barbosa (USP)
	Maria Helena Zamora (PUC-Rio)
	Maria Margarida de Andrade (Umack)
	Roque Ismael da Costa Güllich (UFFS)
	Toni Reis (UFPR)
	Valdomiro de Oliveira (UFPR)
	Valério Brusamolin (IFPR)
ASSESSORIA EDITORIAL	Lucas Casarini
REVISÃO	Cindy G. S. Luiz
PRODUÇÃO EDITORIAL	Rebeca Nicodemo
DIAGRAMAÇÃO	Yaidiris Torres
CAPA	Sheila Alves
COMUNICAÇÃO	Carlos Eduardo Pereira
	Débora Nazário
	Karla Pipolo Olegário
LIVRARIAS E EVENTOS	Estevão Misael
GERÊNCIA DE FINANÇAS	Selma Maria Fernandes do Valle

*Porque dentro de mim não sou sozinho, sou muitos. E esses todos
disputam minha única vida.*

(Mia Couto)

PREFÁCIO

No vocabulário de Ana Lúcia, indignação rima com leveza; protesto, com poesia. É o inconformismo com a vida sem justiça, sem casa nem alimento que, neste livro, move sua criação — que sai aos pulos, em jorros.

Você acaba de ver a notícia infame e, pouco depois, recebe uma mensagem: "Cris, acabei de escrever". E lá está um poema dizendo aquilo que a gente só consegue sentir, mas Ana define.

Ter nascido e crescido em Cananéia, com o mar ali ao lado, a família ao redor, ar puro, peixe fresco, festas inesquecíveis que reuniam religião e arte popular pode ter moldado sua personalidade amorosa. E depois faculdade, casamento, filhas, netos, uma vivência marcante no exterior, cidades diversas, profissão, afazeres. Outra Ana foi forjando-se. Até que um dia bateu à sua porta, sem nenhum aviso prévio, a poesia.

Como eu podia prever

Que outra dentro de mim,
Ousada e desenfreada
Ia nascer assim?
É mais uma camada
Que não divide, é somada
Que eu espero não ter fim.

O humorista Paulo Gustavo disse que "rir é um ato de resistência". A gente sabe que a poesia também é. Um bom exemplo é visão atualizada de Ana sobre a linda "Aquarela do Brasil", o samba-exaltação de Ary Barroso:

Ah, meu Brasil brasileiro,

Tão jovem e guerreiro,
Tão rico e brejeiro...
Ah, meu Brasil...
Senil e doente,
Carente e hostil,
De gente incompetente,
Arrogante e febril.

Já aguardo o terceiro livro (sim, este é o segundo). Quem sabe até lá o país esteja respirando melhor.

Cristina Dantas

Jornalista

SUMÁRIO

CAMADAS EM MIM 13

RAÍZES 15

CICATRIZES 17

SUBLIMAÇÃO 18

FORÇA DA NATUREZA 20

QUE TEMPOS SÃO ESSES? 21

APROPRIAÇÃO 22

ALMA CONCEPTIVA 23

MEU MUNDO ASSIM... 24

ADOLESCER PARA ENVELHECER 25

É PERMITIDO 27

AMARRAS 29

PONTUAL 30

HOMENAGEM AO PADRE JÚLIO LANCELLOTTI 31

SERENATA DO SABIÁ 32

SERTÃO 33

A GIRAR... 34

COISAS... 36

DESENCONTROS 37

OLHARES 38

QUE PENA MORRER! 40

AQUÉM DO RESPEITO 41

ESCOLHAS DE VIDA 42

REAPRENDENDO A VIVER 43

LOUCURAS 45

REVOLTA 46

IRRELEVÂNCIA DOS LIVROS (PARA OS GOVERNANTES) 47

MENTES DEMENTES 48

TEMPESTADE E CALMARIA 49

ALVORADA 51

CHEIROS E GOSTOS DA INFÂNCIA 52

LUA SOBERANA 54

ÁRVORE EU QUERIA SER 55

SER POETA PRA MIM... 56

LIMITES 57

DESAFIOS 58

MEU LIVRO 59

FUNDO DO POÇO 60

BRAVATA DO PODER 61

APRENDIZ 62

DE GOLE EM GOLE 63

SAUDADES 65

PRESENTE DE DEUS! 66

"QUE HISTÓRIA É ESSA, PORCHAT"? 67

A GUERRA DA PAZ 68

EM RECONSTRUÇÃO 70

BEIRANDO O ABISMO 71

A HORA É ESSA 72

NAVEGAR É PRECISO 74

ECOS 76

O PODER DA MATURIDADE 77

APRENDENDO COM A NATUREZA 78

O MAR 80

QUEM ME DERA SER POETA! 81

MUITO ALÉM 82

SEM PRESSA... 84

SEMPRE HOJE 85

SEMPRE PROFESSOR 86

ESPINHOS E SONHOS 87

INSUBORDINAÇÃO 88

CORTINAS DE FUMAÇA 90

SEM CARNAVAL 92

FERTILIDADE DAS CINZAS 93

SONHOS E SONHOS 94

SOU O TEMPO DE VIVER 96

DESUMANIZAÇÃO 97

PARAFRASEANDO CARLOS DRUMMOND 98

ENCONTROS DO MAR 99

RELÍQUIAS DA NOSSA HERANÇA 101

FELIZ ANIVERSÁRIO, SÃO PAULO! 103

NOVA ERA 104

ÓDIO VERGONHOSO 105

POESIA... MINHA DOCE TERAPIA 106

VOSSA MAJESTADE: A PALAVRA 107

GRITOS AFLITOS 109

UM CERTO LUGAR 110

INFORTÚNIO INSACIÁVEL! 111

DESTEMPERANÇA 112

SEM CORRENTES 113

2021, A NOVA MORADA 115

APENAS LEMBRANÇAS 117

EXPRESSO 2020 119

HERANÇAS DA MINHA MÃE 121

REMANSO DA INQUIETUDE 123

JÁ TIVE MEDO 124

RESPIRO 125

A LUA ONDE EU NASCI 126

A CRUELDADE DO PRAZER 128

VESTÍGIOS DE CANANÉIA 130

POLARIZAÇÃO 132

CADÊ MEU BRASIL? 134

O PODER DA VITROLA NA DÉCADA DE 60 136

SEMPRE MÃES 138

A POESIA EM MIM 139

A FOME NO PODER 141

CONSTRUÇÃO 142

RESGATE 143

SOBREVIVER É PRECISO 144

POVOS ORIGINÁRIOS 146

CORAÇÕES FALIDOS 148

HOJE É DOMINGO 149

UMA CRIANÇA PEDIU SOCORRO 151

VIDAS BREVES 152

MINHA ESTAÇÃO 153

QUANDO DEIXEI VOCÊ 154

UM PREMEDITADO PESADELO 156

MULHERES 159

CATÁSTROFE 161

CARTAS ENCOMENDADAS 163

SEGREGAÇÃO 165

IMPOTÊNCIA 166

DESESPERANÇADOS DE IDENTIDADE 167

SAMBA DA SALVAÇÃO 168

CONTRA O TEMPO 169

REFLORESCER 170

E SE EU FOSSE
IMORTAL? 172

CAMADAS EM MIM

Como eu podia prever
Que outra dentro de mim,
Ousada e desenfreada,
Ia nascer assim?
É mais uma camada
Que não divide, é somada,
Que eu espero não ter fim.

Acordos e combinações,
Ações desconfiadas,
Rumores e traduções,
Palavras desnorteadas,

Juntas no tudo ou nada,
Ascendem na minha escada.

Harmonia em disparidade,
Dissonâncias da analogia,
Simetria em desigualdade,
Parecenças e diferenças,
Utopia da maturidade.

Já não diferencio mais
A cópia do original,
O ilusório do real,
O anseio do ideal,
O rascunho do texto final.
Sou mais uma versão,
Apenas não sou igual!

RAÍZES

Entre auroras e anoiteceres,
Trovões e entardeceres,
Ela sempre esteve ali,
Majestosa e altaneira,
Olhando a cidade inteira,
Nossa frondosa "figueira"!

Lendas do tempo do povo,
Diziam com fé insistente:
Crianças, vocês são cobaias
Da mulher de sete saias.
Ela recolhe crianças,
Mentindo mentiras valentes.
Não tinha um inocente
Que não fugisse da raia.

Olhares apavorados
Corriam ruas afora,
Escutando desesperados
O badalo das seis horas.
Esse era o sinal
Para todos irem embora,
A família era o abrigo
Para os medos daquela senhora.

Sempre muito charmosa,
Altiva e misteriosa,
Suas raízes são a prova,
Dos anos em que se renova
Sem ocultar cicatrizes.

CICATRIZES

Cicatrizes na alma e na paz,
Cicatrizes que só o tempo traz,
Cicatrizes no sofrimento,
Cicatrizes a todo o momento,
Cicatrizes que o vento não desfaz.
Cicatrizes que sempre verás,
Cicatrizes sem vencimento,
Cicatrizes do isolamento,
Cicatrizes que trago... aliás.
Cicatrizes de hoje
E de tempos atrás.

SUBLIMAÇÃO

Em toda crise, se cresce,
Nasce uma nova verdade,
Tirar vantagem da dor,
Mergulhar na oportunidade!

Ciclos que vão e vêm,
Fenômenos que se repetem,
Medos que se mantêm,
Saídas que se intrometem!

É uma constante sucessão
Essa sequência de fatos,
Recorrer à sublimação,
Transformar problemas em atos!

Encarar a morte e a tristeza
No furacão de tragédias
Sinaliza sua defesa,
Inquieta sua estratégia!

Bolhas de luz
Explodem em temas.
De dentro surgem palavras,
Flutuam ideias e poemas,
Indicam que a hora é agora!

Rumos e rotas se fundem,
Se unem as paralelas,
Caminhos e vias traduzem
Que a dopamina se libera!

FORÇA DA NATUREZA

A arte da natureza
É ser uma obra de arte,
Esbanjar glamour e beleza,
Se exibir por toda parte!
A natureza é show na grandeza,
É fúria na indelicadeza,
Memória no desacato,
Cenário para foto!
É rastro de elegância,
Na nobreza que ostenta.
É vítima de violência,
Na preservação que sustenta!

Espia a destruição, atenta,
Não é nada sonolenta,
Recompensa a terra e alimenta,
Evoca ações e tormentas,
Vigia a humanidade violenta!

Vida que a natureza amamenta,
Natureza que a vida acorrenta,
Delitos que o homem experimenta!

QUE TEMPOS SÃO ESSES?

Tempo de ser prisioneira,
De não fazer mais escolhas,
De tecer a própria coleira,
Limitar a tua fronteira
Preso a uma bolha.

Sem fome e sem vontade,
Com sobras de fragilidade...
A anemia da liberdade
Contamina sem brincadeira.
Fria como geleira,
Se instala pelas beiras.

Em que mundo vivemos
Se a casa que queremos
É o palco da desavença,
Do conflito da competência,
Da crise e da divergência?

Laços que viram amarras,
Amarras que viram nó,
Nó cego que não desamarra
A laçada feita sem dó!

APROPRIAÇÃO

Assim como cala na gente
Cala também o inocente
Escala o muro no escuro,
Espia de cima do muro
Vem pela porta do fundo
Assombra a paz do seu mundo,
Escolhe a calada da noite
Delata tua dor no açoite.

Assim como cala na mente
Seca também a semente,
Vem pela porta da frente
Amansa teu cão simplesmente
Rouba teu ar de repente.

Assim como cala tua fala
Cativa teu filho e se cala
Censura e aponta tua falha,
Revela sua face canalha
Anda no fio da navalha!

ALMA CONCEPTIVA

Esse silêncio do ventre
Ora desabitado
Já foi um dia morada
Do filho tão desejado.
Nas entranhas de mim
Foi gerado
Um amor nunca antes provado!

Hoje, um ventre dormente,
Minguado e sem vida presente.
Morre um ventre ausente,
Nasce uma alma no ventre.

Gerada como fui outrora,
Me vejo no centro da vida
Criada sem tempo nem hora.
Agora me sinto acolhida
No ventre que a alma engravida!

MEU MUNDO ASSIM...

Foi assim que me perdi
Em alguma parte de mim.
Foi assim... numa parte de mim
Que me perdi assim...
Saí de mim por fim,
Um a zero pra mim.
Neste universo sem fim,
Busquei algo pra mim
Que não fosse chegar ao fim.

Assim soava o clarim...
Lá do mundo que eu vim.
Não se pode voar assim,
Não se deve achar ruim.
Que outros pensem por mim.
Foi assim que saí de mim,
Por fim...

Viver a escrever, para mim,
É uma viagem sem fim
Não só quando estou a fim,
A alma escreve por mim
Sempre que estou assim...
Esquecendo-se de mim, enfim!

ADOLESCER PARA ENVELHECER

Adolescer transforma a mente,
O corpo e a alma adolescente,
É a perda do corpo criança,
É o luto na perda da infância,
É ganho que só avança,
É razão de insegurança,
Deslumbre com tanta mudança!

Conhecer o corpo que cresce,
Descobrir o eu que floresce,
Desvendar o que acontece
Na cabeça de quem adolesce,
O ser e o estar enlouquecem,
Não basta o ser que parece!

Quanto saber se carece
Na pressa de se afirmar!
É uma teia que esquece
Que seu rosto enrubesce
No desafio de lutar
Contra o medo que empalidece.

Envelhecer também é transmutar
O corpo, a alma, a mente...
É permutar a estatura da gente
Por outra que vai revezar.
É o luto que a vida consente,
É o ritmo que vai moderar.

Aceitar que o corpo enrijece,
Descobrir que a memória padece,
Perceber a visão que enfraquece
Refletir sobre rugas que crescem,
Que seu rosto também endurece
Com os medos que só aparecem
Em tempos que só escurecem!

Escrever me restabelece,
A idade já não transparece,
As lembranças me reabastecem
No envelhecer que me rejuvenesce.
A pressa já não acontece,
Meu tempo é o que prevalece.

As duas fases carecem
De rumos e descobertas,
Conquistas e rotas abertas,
Hormônios que sobem e descem,
Emoções que só endoidecem!

É PERMITIDO

Aguçar todo sentido,
Sair na chuva, vestido,
Olhar o mundo invertido,
Deter o medo contido.

É permitido
Entrar no mar remexido,
Deixar que o vento atrevido
Desnude sua alma sofrida,
Liberte as algemas da vida.

É permitido
Espiar o luar refletido,
Inspirar o sol colorido,
Jogar para o ar ressequido
Os rancores adormecidos.

É permitido
Serenar o tempo corrido,
Rever o desejo escondido,
Realizar o sonho enrustido,
Explorar o desconhecido.

É permitido
Chorar, mesmo que escondido,
Ouvir o que diz o amigo
Baixinho em seu ouvido:
Respire o campo florido,
Reviva o ser intuído.
Marchar para não ser vencido,
Viver sem ser oprimido,
Mentir para ser debatido,
Sorrir sem ser abatido,
Falar sem ser reprimido,
Amar sem ter desistido!

AMARRAS

Parceiros lunáticos,
Doentes e fanáticos,
São sempre um impacto
Chocante e enigmático.

Nas relações tóxicas,
Abusivas e dramáticas,
Sedutoras e trágicas,
É cega a lógica
Que escancara a face psicótica.

Eu quero um antídoto
Que seja inequívoco,
Que cure a lágrima,
Penalize o maníaco.

Mais lúcidos e lúdicos
Mais leves e éticos
Mais vínculos e méritos
Mais práticos e elásticos
Menos ávidos e maléficos

PONTUAL

A que ponto chegamos?
Chegamos ao ponto
Em ponto!

Ponto em que planto e implanto,
Ponto em que corto e descarto,
Ponto em que colho e reparto,
Ponto em que surto e desgasto,
Ponto em que flerto e desperto,
Ponto em que encontro e resgato!

Ponto em que aponto e acato,
Ponto em que afasto e exporto,
Ponto em que importo e adoto,
Ponto em que parto e aborto!

HOMENAGEM AO PADRE JÚLIO LANCELLOTTI

Assim prossegue o andor
Cada dia um horror
Tiram o perfume da flor
Congelam o olhar de calor
Levam o seu cobertor.

Assim prossegue o opressor
Deturpa atitudes de amor
Tira de tudo o sabor
Odeia a todo vapor
Demoniza com muito primor
Ignora momentos de dor
Obedece ao insano mentor.

Assim prossegue o agressor
Exalta que não tem temor
Oprime o opositor
Censura o livro e o leitor
Aplaude o torturador
Mata você com louvor!
Salvemos o nosso protetor!

SERENATA DO SABIÁ

Parece até uma orquestra
Que veio lá da floresta
Tocando em dia de festa,
Embalando de longe a seresta
Que rege o sabiá!

Que ritual de euforia,
Encanta com maestria,
Da noite para o dia!
Que graça de melodia,
Entoa o sabiá
Enquanto seduz ao cantar!

A natureza agradece,
Responde à nossa prece
Na prece do sabiá...
Vem cá sabiá, vem cá!

SERTÃO

Quando o sertão se espreguiça
Na boca da madrugada,
É sinal de retirada,
Não tem hora, nem nada.
É que a terra quebradiça
Atiça essa pegada.

Vida melhor, lá na frente...
Comida pra toda gente...
Marchar e marchar adiante,
Acreditar no sonho distante,
Chorar pelo filho agonizante,
Que morre em terra errante!

O hálito da miséria
E seu odor perfurante
Se alastram igual bactéria,
Adoecem toda matéria.
Não tem fome que enfrente
Um homem tão impotente!

Solos não geram sementes,
Chuvas que não são presentes,
Animais que são relutantes,
Soluções que não são importantes,
Dores que marcam o semblante
Da fuga do itinerante!

A GIRAR...

A cada um, seu olhar
Da água, do fogo, do ar,
Da terra a girar,
A rodar...

A prosear, a rimar,
A narrar, a versar,
Na terra a girar,
A criar...

A cada um, seu pensar
Nos rios que encontram
O mar,
Na terra a girar,
A levar...

A cada um seu errar,
Nos medos da vida a rolar,
Da terra a girar,
A buscar...

A cada um, seu sonhar,
Do mundo, do sol, do luar,
Na terra a girar,
A alcançar...

A cada um, seu voar,
Nos livros da vida a ensinar,
Na terra a girar,
A decolar...

COISAS...

Coisas que eu sinto
E não conto,
Coisas que eu conto
E reconto,
Coisas que eu vejo
E me encanto,
Coisas que eu sofro
E desconto,
Coisas que eu ouço
E pronto,
Coisas que secam
Meu pranto,
Coisas que olho
E desmonto,
Coisas que chegam
Ao ponto,
Coisas que sonho
Num canto...

DESENCONTROS

Que sonoro desencontro
Se afina no contraponto
Harmoniza o único ponto
Equilibra todo confronto.

Arranjos e pontos de vista
Se opõem e se atraem de graça,
Compartem ideias diversas,
Comemoram mais uma conversa.
Tons que se sobrepõem,
Melodias que desconversam,
Vozes que se contrapõem,
Que show essa promessa!

O ponto é de partida,
Não um ponto final,
Afinal que seja aplaudido
O início do novo final!

OLHARES

Olhares longos e breves
Olhares rasos e leves
Olhares profundos se atrevem
Olhares internos descrevem!

Olhar no mesmo sentido
Olhar a verdade, mentindo
Olhar o passado, sorrindo
Olhar o presente, investindo
Olhar o futuro bem-vindo!

Olhares baixos e poucos
Olhares loucos e soltos
Olhares raros sem foco
Olhares que vemos tão pouco.

Olhar com sexto sentido
Olhar para o alto, pedindo
Olhar para o outro, incluindo,
Olhar para si, prosseguindo!

Olhares que cruzam e dispersam
Olhares que só atravessam
Olhares sinceros sem pressa
Olhares que juram promessas
Olhares que podam arestas
Olhares felizes à beça!

Olhares que nada veem
Olhares que tudo contêm
Olhares que veem muito aquém
Olhares que enxergam além!

QUE PENA MORRER!

Morrer é uma pena...
É uma pena morrer...
Ficar com desejo de ver
Partir sem escolha de ir,
Sentir que não pode fingir
Que a vida não está mais aqui.

Viver há de ser um poema
Morrer também deve ser,
Só sei que viver vale a pena
Morrer... já não posso dizer!

AQUÉM DO RESPEITO

Pra tudo se dá um jeito,
Só a injúria crava no peito
A dor de sofrer preconceito
Que mata seu eu imperfeito,
Sufoca os seus direitos,
Anula seu autoconceito!

Eu vejo, não espreito
Quem julga e bate no peito,
Condena... não se vê com defeito,
Humilha... tira proveito,
Nega o racismo, satisfeito,
Mata assim... desse jeito.

ESCOLHAS DE VIDA

Trago marcas da minha jornada
Na alma, no corpo, na mente,
Carrego na vida simplesmente
Memórias da minha escalada
Na pele em relevo tatuadas,
Admiradas e sem concorrentes!

Com manifestações corporais,
Linguagens coloquiais,
Dificuldades estruturais,
Sensações inaugurais,
Alunos geniais,
Carências emocionais,
Paixão pelo que se faz,
Frisei minhas rugas profissionais!
Esquecer... jamais!

REAPRENDENDO A VIVER

2020, o ano inesperado
De sonhos interpelados,
Sorrisos mascarados,
Olhares desconfiados
De um presente atropelado
E um futuro ignorado.

Da viagem que não fiz
Do voo que não embarquei
Dos lugares que não conheci
Das metas que não alcancei
Dos planos que não concluí
Dos caminhos que não trilhei
Do tempo que refleti
Dos mares que não cruzei.

Ano de duros acontecimentos
De muitos falecimentos
De dores e sofrimentos
De infinitos sentimentos.
Nascimentos de inocentes
De vida e maternidade
Nascimento de talentos
Ressurgimento da solidariedade.

Encarei e não desisti
Me revi e me surpreendi
Com coragem, me fortaleci
Me indignei e me atrevi
Renasci e me reconstruí!

LOUCURAS

De loucuras e agruras,
Vivemos este momento
Tão louco e tão insensível,
Tão doido e tão linha dura,
Tão anormal e invencível,
Tão absurdo e irreconhecível!

De loucuras em loucuras,
Vamos vencendo as agruras,
Libertando nossas correntes,
Loucos e competentes,
Sensíveis e anormais,
Malucos e geniais!

Neste túnel de aventuras,
De insensatez e normalidade,
Trevas e claridade,
Demência e sanidade,
Loucos, somos sóbrios
Maníacos pela verdade!

REVOLTA

Quão perversa e indecente
É a conduta dessa gente,
A indignação é transparente
E não traduz minha revolta,
Culpar uma criança inocente
É cruel e não tem volta!

Violentada na infância
Com seus direitos roubados,
Só sobrou violência
Pra uma vida sangrada!
Ameaças e sofrimento
Aos 6 anos de idade,
Como sobreviver calada,
Com sua infância arrancada?

Algozes condenam sem medo,
Ao exaltar sua ira,
Julgam e apontam o dedo,
Escondem suas mentiras.

IRRELEVÂNCIA DOS LIVROS (PARA OS GOVERNANTES)

Tempos sinistros e inseguros,
Ver o conhecimento sem circulação.
Tributar os livros é duro...
É triste ver o saber
Submisso à elitização!

Livros têm vida, têm alma,
A alma de quem escreve e quem lê,
Dos que sonharam e viveram
O simples fato de ser
Divulgadores de emoções,
Só quem escreve pode entender!

Livros são livres e voam,
Alcançam todos os lugares.
Defender pra que o livro não pare
É nosso grande dever.
Chegar a todos os lares,
Dar oportunidades de conhecer!

Estantes são vitrines, são fontes,
Nela, mil faces o livro revela,
São como celas sufocantes,
Se o livro não for sentinela
E só permanecer na estante!

MENTES DEMENTES

Mentes que mentem
São tão veementes
Que acho que assentem
Que mentem somente
Pelo prazer que sentem
De mentir sinceramente!

Mentes que mentem
Confiam na farsa crescente
Por ser inconsequente
E acreditar que é pura verdade
O que lhe impõe a mente doente!

É como uma estrela cadente
Quando morre impotente,
Com sua aparição reluzente.
Assim a mentira consente
Banalizar a verdade prudente,
Matar a essência vivente!

Mentem as mentes dementes,
Não temem criar de repente
Um desastre na mente decente,
Sustentam a fraude valente,
Confirmam e não desmentem!

TEMPESTADE E CALMARIA

Sinto a brisa e a ventania
Complementarem os meus dias,
Na passagem da leve brisa,
Meus cabelos acaricia,
Na emoção da ventania,
Meu corpo todo arrepia!

Eu sou o processo do tempo,
Do vento e do pensamento.
Aprendo com o frescor do momento,
Cresço com o vendaval barulhento!

O amor que recebo da brisa
Vem como folhas caindo que
Me libertam das grandes divisas,
Elevam minha autoestima,
Ventilam minha mente sorrindo!

Vejo um amor violento
No furor da ventania,
Não tem controle, é sedento,
Acelera o batimento
Que seu coração denúncia!

Do presente vivo a destreza
Da força da ventania,
Trago do passado a leveza
Da brisa e da fantasia,
Um futuro de gentilezas,
Sonho para o mundo, um dia!

ALVORADA

Cananeia de meus ancestrais,
Dos fandangos e dos carnavais,
Das lendas e dos lodaçais,
Da pesca e dos manguezais
Dos folclores sobrenaturais.

Das festas tradicionais,
Navegantes e seus rituais,
Divino, São João, arraiais,
Das alvoradas e dos beirais,
Das festas do mar, especiais,
Das fogueiras sensacionais.

Dos argolões e dos coqueirais,
Dos sambaquis esculturais,
Dos nativos nos litorais
Ignorados nos murais
Das ilhas magistrais,
De histórias universais.

Cananéia dos temporais... dos luares nos
portais... dos casarões surreais...
Das serenatas teatrais... da paixão dos casais...

CHEIROS E GOSTOS DA INFÂNCIA

Era uma vez, numa ilha...
De gostos, cheiros e tatos
Só quem conhece, admira
Frutas e frutos fantásticos!

Pra sempre no pensamento
O tucum e a brejaúva
Habitaram nossos momentos
De gula, sem compostura!

Pra que se estressar...
Na praia com muita fome?
Saltam os araçás,
Que prazer, quando se come!

Retornar da praia, uma luta,
Andando e colhendo muchita
Incomum e absoluta,
Eita frutinha esquisita!

Ah! Que saudade me dá
Da paixão pela jabuticaba,
Do coquinho e do abricó,
Do cheiro sedutor da goiaba,
De degustar a fruta sem dó!

O sucesso da mexerica,
Ninguém pode negar,
Mais popular e democrática,
Uma delícia devorar!

A ata e a cajá-manga,
As pitangas nos quintais,
Pular cercas e muros,
Se enroscar nos areais,
Muita alegria, eu juro,
Tempos que não voltam mais!

LUA SOBERANA

Poderoso luar que inspira
Prosas e aprendizagem,
Versos e metalinguagem,
Rimas em sua miragem!
Mistério da noite escura,
Fulgente é sua imagem,
É brilho na sua passagem,
Respiração que interage!

Razão de lindos poemas,
É magia, não blindagem,
É real, não camuflagem,
É criação na sua viagem!

Que lua, que fantasia...
Poesias e lindas montagens,
São símbolos, são tatuagens,
Conteúdos da sua bagagem!

Lua que se declara,
Em sentimentos e homenagens
Da vida ao personagem,
Revela instintos selvagens!
Ilumina por onde passa,
Rasga o sombrio com coragem,
Afaga com sua linguagem,
Faz sua própria dublagem!

ÁRVORE EU QUERIA SER

Se árvore eu pudesse ser
Raízes eu queria ter
Na terra que se aprofunda.
Ah! Se eu pudesse escolher,
Eu seria a mais fecunda!

Aquela que é tão faceira
Se veste como a floreira.
Com flores é grandiosa,
Com frutos é pioneira.
Como pode ser tão festeira?
Parece aventureira...
Seu tronco, cheio de frutas,
Seus galhos? Uma disputa.
Escalar é uma luta,
Majestosa e absoluta.

Ela é bem brasileira,
Atrai de qualquer maneira,
É alimento, é altaneira,
É remédio, é curandeira...
Se árvore eu pudesse ser,
Seria uma jabuticabeira!

SER POETA PRA MIM...

Que inspiração insistente,
Atropela seu consciente...
Dá vida ao seu pensamento,
Não tem como ficar isento.

A qualquer dia e hora,
Sua imaginação dispara.
É só ouvir essa fala
Do sussurro que declara
Que só na alma se ampara.

É assim esse fluir...
Um ir e vir de emoções,
De sonhos e sensações,
De ideias que se ancoram
E partem se me demoro.

É assim que me vejo...
Quando creio nesse lampejo,
Não sei nada que escrevo,
Só sei o que quero e desejo,
Relaxo como um bocejo
E deixo rolar o ensejo!

LIMITES

Hoje, a cena que vi
Não teve louros nem glórias,
Chegou a ser comovente,
Tirou o prumo da história.
Não sai da minha memória,
Aquele olhar inocente.

Papai? Perguntava o olhar
Que não mente,
Bem ali na minha frente:
O que aconteceu com você?
Será que está descontente
Ou ficou muito doente?
Porque você está assim...
Diferente...
Não consegue olhar pra mim,
Nem brincar como faz
Sempre?

Eu quero você consciente,
Brilhante, inteligente,
Como o conheci no ventre.
Feliz com minha chegada,
Radiante com seu presente.

DESAFIOS

Foi chegando de mansinho,
Tomou conta do meu ninho,
Convenceu com desalinho,
Alinhou o meu caminho,
Refletiu meu desatino!

Ocupou o meu vazio,
Deu vazão ao desafio,
Escutou o meu silêncio,
Abraçou a minha urgência,
Deu lugar ao elogio,
Nunca mais eu renuncio!

MEU LIVRO

Meu livro me deu asas,
Me deu laços e espaços,
Me deu abrigo, me deu casa,
Devolveu beijos e abraços!

Me deu força, me deu razão,
Me acolheu na emoção
Do amadorismo da criação!

Meu livro, meu universo,
Tão concreto e tão ilusório,
Tão sensível e tão perplexo,
Tão menino e transitório!

Nesse voo aventureiro,
Sou eterna e passageira,
Sou fatia, sou inteira,
Sou mistério e mensageira!

FUNDO DO POÇO

Quando menos se espera,
É no fundo do poço
Que se vê e exaspera,
É a boca do fosso,
É o abismo, é a cratera!

Em que tempo,
Em que era,
Soltaram essas feras
Que só o instinto revela
O ódio que se impera?

Quem me dera...
Quisera eu ser
Só um ser que se
Esmera,
Gera poemas,
Pondera,
Fala das dores,
Supera,
Ama a vida
E debela,
Os julgamentos,
Desterra
Na cela que a terra enterra!

BRAVATA DO PODER

Nesse embate político,
As disputas e vaidades
Superam a necessidade
De imunizar a sociedade.

Sabotar a população
Com essa obsessão,
Visando somente à eleição?

Adversário da vacina,
A máscara, abomina,
A pesquisa, discrimina,
A ciência, extermina.

Declara a grande vitória
Com a morte de um voluntário,
Celebra mais uma derrota
Da rota da sua história!

APRENDIZ

Fui professora aprendiz,
Fui amadora e motriz,
Aprendi o que ensinei,
Amei tudo que fiz,
Ensinei o que aprendi,
Fui juiz quando perdi!

Aluna das coisas que sei
Sensível, não me iludi,
Confiei, cooperei, debutei,
Falei menos que ouvi,
Compartilhei o que vivi!

DE GOLE EM GOLE

Quanta euforia
Sombria,
Quanta folia
E ironia!
Quanta ilusão
Ter nas mãos
O gole da simpatia,
Do riso fácil
E magia,
Dos brindes e
Cortesias!
Começam sempre de
Dia,
Se vestem de
Ousadia,
Esbanjam
Teimosia,
Precisam de
Companhia.
O excesso sempre
Anuncia:
Que beber com
Maestria
Parece mais
Bruxaria,
Não agride, nem
Angustia,

A ressaca alivia!
Assim, o beber
Distancia
Os sóbrios da
Parceria.
O ébrio se
Vangloria
Dos tragos da
Maioria.
Sentencia a baixaria:
Que porcaria!
Só tem garrafa
Vazia!

SAUDADES

Que saudade de dar um abraço,
Conectar passo a passo...
Que abraço me dá a saudade
No calor que me invade!

Que vontade de avançar no espaço
Do vazio que esfria os laços
Desse espaço que provoca a saudade!

Ter razão, já nem tenho vontade,
Ter medo permanece verdade.
Pra tirar a saudade dos traços,
Minha alma suspira um abraço!

PRESENTE DE DEUS!

De repente,
Ganhei um presente
Assim gratuitamente,
De repente...

É como receber,
Timidamente,
Uma luz que ministra
A mente!
O "dom" é esse
Presente,
Que não é só seu
Unicamente.

Retribuo feliz e
Contente,
Devolvo esse dom
Simplesmente.
Tem tanta gente
Carente...
Tem tanta vida
Inocente...
Tem tanto sofrer
Na sua frente...

"QUE HISTÓRIA É ESSA, PORCHAT"?

Essa chaga em vida,
Por ser escolhida,
Dopada e abatida
Por prazer do homicida?

Sim! Morte em vida,
É a morte nascida
Da violenta ferida,
Da verdade revestida
Na mentira permitida!

Essa história enojada
Não vai ser narrada
Nem mesmo gravada,
Por ser censurada
Pela alma silenciada!

Que justiça, que nada,
Que farsa montada,
Que dor encravada,
Essa dor abusada,
Negada e desmoralizada!

Solidária com a dor de Mariana Ferrer.

A GUERRA DA PAZ

A paz...
É um saber de viveres,
É o sonho dos seres,
É um alvo que fere
Pra galgar os poderes
Que a guerra confere!

De amor e de paz,
O mundo prefere
Viver os nasceres
Que a alma profere,
Conduz e aufere...
A guerra que espere!

Em nome da paz,
O homem digere
A arma que traz
O fim dos prazeres.
Na dor dos sofreres,
O povo repele
O medo que impele
A viver os morreres.

Na guerra da paz,
Não vejo saberes,
Só vejo poderes
Ceifando mulheres,
Matando fazeres
Que o governo defere...
Que o mal não prospere!

EM RECONSTRUÇÃO

Na desconstrução, me construo
Na decepção, evoluo
Na solidão, me povoo
Na depressão, me diluo
De pressão, me excluo!

Nesse universo paralelo
Me socorro e me atropelo
Só corro e nada quero
Me transformo e exagero
Aproximo os hemisférios.

Na aflição, me possuo
Na traição, eu recuo
Na opressão, reconstruo
Na reclusão, me instruo
Na razão, eu flutuo
Na solução, me estruturo
Da emoção, usufruo
Na ascensão, me seguro!

BEIRANDO O ABISMO

Não vejo mais humanismo,
Vejo cinismo e egoísmo
Nas doses de histerismo
Que disfarçam o alpinismo,
Liberam o fanatismo,
Legalizam o demonismo.

Não vejo mais humorismo,
Só vejo muito racismo,
Preconceitos e narcisismo,
Violência e terrorismo,
Gerando só conformismo,
Selados a falsos moralismos.

Não vejo mais realismo,
Vejo muito vampirismo,
Que suga o magnetismo
Do raro iluminismo
Que ainda rege este destino.

Não vejo mais futurismo
Na fala do escravismo,
Na busca do nepotismo,
Em meio a barbarismos,
Alarmismos e vedetismos,
Fascismo e vitimismos...
Só vejo mesmo um exorcismo!

A HORA É ESSA

A hora tem pressa...
Tem pulso, tem meta,
Tem riso, tem festa,
Tem choro à beça.
Tem preço, tem peça,
Só avança, não cessa,
Que via expressa...
Só vai, não regressa!

A hora tem pressa...
O dia começa,
A mente se estressa,
O fluxo engessa,
A vida professa,
O tempo opressa!

A hora tem pressa...
E passa depressa,
O rosto apressa,
O atraso protesta,
Tem gente travessa
Que a hora atravessa.

Que a prece impeça
Que o corpo adoeça,
Que a hora reversa
Não faça promessa,
Não pregue uma peça
E não se despeça!

NAVEGAR É PRECISO

Quero embarcar nesse
Porto
Emboscar o seu
Posto
Escorar sua
Frota
Emborcar no seu
Tato
Degustar esse
Pacto.

O tempo a bordo
É o ciclo que aporto
Quando acordo e reporto
A água que adoto
E a terra que aborto.

Que vento, que rastro
Que medo nos traços,
Sem tempo, nem lastros.
A onda lá fora
Sem rosto, nem cara
Prepara o salto,
Ancora e não para!

Com sobras de forças
A vela se troca,
No porto atraca,
Amarra a estaca
A vida que empata.

ECOS

O eco das nossas palavras
Esculpe em nossa memória
Uma torre de eternas histórias,
Remete nosso relato
A um labirinto abstrato.

No fundo da galeria
De espelhos e fantasias,
Mil faces ele espia
Dentro de uma só poesia!

Casarão de sombras e ecos
Abandonados nas estradas
Assombram com seu espectro,
Iluminam o intelecto
De ideias sufocadas.

Passo a passo, repasso,
Replico a narrativa,
Retorno no tempo e espaço,
Me vejo desconhecida!

O PODER DA MATURIDADE

Aqui... neste estágio da vida,
Que não passe despercebida
A força da mente sofrida,
O poder da alma vivida,
Os vincos da face refletida.

Tempo que tudo guarda,
Que ronda a madrugada,
Rouba o sono do nada,
Censura toda ousadia,
Seu querer contraria.

Esse tempo feroz,
Que cala também nossa voz,
Sequestra nossa firmeza,
Desdenha nossa certeza,
Enrijece nossa leveza.

É tempo de acordar,
De desafios encarar,
De tudo pra cima jogar,
De viver ao sabor da brisa,
Do cheiro da maresia,
Do pensar que profetiza,
Do gosto da maré fria,
Do toque da energia!

APRENDENDO COM A NATUREZA

Ah... esse balanço do mar,
Essa brisa no ar,
Acho que o vento gargalha
Só de me olhar cara a cara!

Que natureza sabida,
Me pegou desprevenida!
Ver o golfinho dançar
A dança que dança a vida,
O jatobá a plainar
No mergulho da presa abatida!

Águas vivas que vivem no mar,
Ao longo da praia esquecidas,
Siris que desfilam perdidos
Se escondem das mãos inimigas!

O pouso da garça entretida,
O voo do falcão destemido,
O caramujo todo encolhido,
O quero-quero muito atrevido...
E a coruja que zela incontida
Os ovos por ela aquecidos!

Que mundo encantado é esse
Cheio de travessuras?
É Cananeia, minha terra...
Contada nos livros e nas gravuras
Que o meu coração captura!

O MAR

Para emergir das profundezas,
Rompe em ondas
E destreza,
Espalha energia
E nobreza,
Ostenta sua correnteza
Num vai e vem
De grandeza,
Num ir e vir
De frieza!

É um palpitar que despeja,
É um expirar que corteja,
É um bocejar que esbraveja,
É um respirar que lateja,
É um cochilar que lampeja,
É um exaltar de beleza!

Lambe o gosto da areia,
Exibe sua maré cheia,
Lança fúria em teia,
Cospe seres em cadeia,
Encanta o mar, a sereia,
Serena no mar, a baleia!

QUEM ME DERA SER POETA!

Mesmo sem saber, escrevo,
Sem conhecer, me atrevo,
Sem enxergar, eu vejo,
Sem imaginar, desejo,
Sem confessar, revejo!

Ser poeta é transmutar,
É transgredir, é levitar,
É descobrir, é viajar,
É por aí decolar!

Escrever é magia,
É mistério, é fantasia,
É feitiço, é bruxaria,
É um pouco de ousadia.

Ser chamada de poeta
Muito me lisonjeia.
É como escrever na areia
Da praia que me rodeia,
Onde o brilho do sol clareia,
A onda do mar rastreia
E minha alma entrelaceia!

MUITO ALÉM

Além de ler partituras,
Quero decorar as figuras,
Cantar sem fazer a leitura,
Entrar pela fechadura!

Além da crua aparência,
Tenho sede que a evidência
Pulse na mesma frequência
Da essência, sem resistência.

Além do mundo das letras,
Que a minha memória prometa
Voar atrás do cometa,
Girar por todo planeta,
Não me esquecer na gaveta.

Além das noites escuras,
O olhar que você procura
Cintila no raio e fulgura,
Transforma o breu em pintura.

Além das 4 estações,
Quero todas as saudações,
Quero cores e combinações,
Quero sonhos e ilusões
Vibrando nos corações.

Além das muitas fronteiras,
Que as pontes sejam as barreiras,
Que o mar produza as esteiras,
Que levam a outras bandeiras!

SEM PRESSA...

Pisa e depois...
Alisa
Fere e depois...
Confere
Agride e depois...
Decide
Sufoca e depois...
Assopra
Laça e depois...
Abraça
Escraviza e depois...
Eterniza!

SEMPRE HOJE

Mais certezas que abismos,
Mais ontens que amanhãs,
Mais confissões no divã!

Mais passado na mente,
Que futuro pela frente!

Até onde o olhar alcança,
Se vê bem de longe a criança...
O corpo já não disfarça
O peso do tempo que avança!

Se hoje, um dia, foi ontem,
E o hoje será amanhã...
Não existe o ontem sem hoje
Sem hoje não há amanhã!

Ser hoje é pressa, é urgente,
É seduzir a vida pra sempre!

O futuro é ainda um vazio,
O ontem eu reverencio,
O presente é meu confidente
Da vida que não renuncio!

SEMPRE PROFESSOR

Ser professor está na frente...
Está distante, está presente,
Está no riso carente,
Está no sonho inocente,
Está dentro do ventre,
Está na alma da gente!

ESPINHOS E SONHOS

De planos em planos,
De ledos enganos,
De medos tamanhos,
De sonhos insanos.

Sem rumo, sem dono,
Sem risos nem ganhos,
Com danos medonhos,
Que ano estranho!
Sem ser desumano
Com tantos enganos,
Meu norte eu proponho
Fitando o oceano!

Criar eu imponho
Sem medos, suponho,
Com planos e sonhos,
O transe transponho,
Meu ser eu componho!

INSUBORDINAÇÃO

Insubordinação na saúde,
Insubordinação na educação,
Insubordinação na ciência,
Insubordinação na instituição.

Insubordinação no exército,
Revolução na corporação,
Incêndio e subversão,
Repressão e expulsão.
Nada além de capitão,
Aposentado por insubordinação
Aos 33 anos de desconstrução.

Insubordinação no isolamento,
Insubordinação na prevenção,
Insubordinação nas decisões,
Genocidas aparições.

Insubordina a ação,
Insubordina a nação,
Ah... insubordinada negação!
Como ter admiração?

Na minha insubordinada
Indignação,
Não espero compreensão,
Concordando comigo ou não,
Respeite a minha opinião.

CORTINAS DE FUMAÇA

Só se vê fumaça
Na suposta privatização,
No projeto que abafa
O calor da corrupção.
É muita pirraça,
Falta muita educação,
Não há nada que desfaça
Tanta desconsideração.

É obrigação do governo
Explicar as decisões,
Será que tanta preocupação
O faz fugir da questão?
A investigação encerrou
No caso das rachadinhas?
Quanto dinheiro rolou
Debaixo das piadinhas?
O quanto se roubou
Dando uma ajeitadinha?

A PEC da imunidade
Está em pauta no congresso.
Paralisa as emergências,
Prioriza o progresso,
Dá voz à impunidade.

Conchavos são acordados,
Tratos são orquestrados,
A lei é deliberada
Com votos manipulados.

Nada muda, não se iluda,
Que Deus nos acuda!

SEM CARNAVAL

2021 é um ano sem igual.
Pra driblar a pandemia
Não tivemos Carnaval.
Não faz mal,
Na moral...
É melhor pular em casa
Do que parar no hospital.

Um ano de covid!
Tem até quem já duvide
Que o vírus é letal
Pra brincar o Carnaval.
Surreal...
Ilegal...
É melhor pular em casa
Do que morrer no hospital.

Eu tomo vitamina,
Tenho fé na medicina,
Só não tomo cloroquina
Porque creio na vacina.
Tá legal...
Alto astral...
É melhor pular em casa
Do que ter um funeral!

FERTILIDADE DAS CINZAS

Trovões de lavas e brasas,
Cinzas que criam asas,
Saem do manto da terra,
Ordenam o toque de guerra!
Eclodem da natureza,
Explodem sem sutileza,
Rasgam as rochas da serra,
Engolem o chão e a beleza!

Às cegas, transbordam bocados...
No ar, vapores tragados,
O solo sem dó, castigado
No leito de fogo afogado!

Aí... nascem ilhas e vidas,
Geradas pela erupção,
A terra e o mar têm saídas,
Ganham vida na renovação.
Nenhum universo duvida
Que o homem, também explodido,
Desarme seus medos contidos,
Renove seus "eus" escondidos!

SONHOS E SONHOS

Tenho sonhos que sonho
Acordada,
De olhos abertos e muito
Inspirada.
Sonho bem perto do querer
Almejado
Que a vida dos netos eu veja
Formada.

Nos sonhos da
Madrugada,
Sonho com coisas que são
Transformadas.
De perto pra longe,
Saindo da estrada,
Outrora e agora,
Dou ré na jornada,
Aos poucos, às pressas,
Vestida do nada,
O sonho parece cair da
Escalada.

Seriam os sonhos
Carteiros dos
Antepassados?
Cartas enviadas às vidas
Passadas?
Seria um feito que foi
Subornado
Pelos medos da mente
Que foi dominada?

O sonho que sonho,
Dormindo acordada,
São sonhos risonhos
De tudo ou nada.
Sonho com sons da breve
Alvorada,
Sonho com a lua na noite
Estrelada.

Assim sou uma, nas noites
Sonhadas,
Assim sou todas, nos sonhos
Acordada!

SOU O TEMPO DE VIVER

Eu sou tudo que aprendi a
Viver,
Sou nada que possa
Descrer,
Sou o antes de
Enfraquecer,
O depois de me ver
Nascer,
O tempo de esperar
Crescer!

Sou cedo para
Renascer,
Sou tarde para
Adolescer,
Sou ontem para
Agradecer,
Sou hoje para
Aprender,
Sou amanhã para
Surpreender.
Sou este ser
Que não aprendeu a
Morrer!

DESUMANIZAÇÃO

Vítimas da disparidade,
Da dor que só pede abrigo,
Pra deitar no chão sem castigo,
Sem pedras e sem crueldade.

Proibir que o chão,
meu amigo,
Não possa dormir comigo?

Míopes da felicidade,
Com sonhos empobrecidos,
Escravos da desigualdade,
Dos homens enrijecidos.

Sem pensamentos futuros,
Onde até o chão se misera,
Tropeçam no excesso de escuro,
Nas flores que não se espera.

Num mundo de extensas lonjuras,
Injustiças e muita censura,
A marreta tomba a armadura
Dos blocos da soberania.
Quisera existir empatia!

PARAFRASEANDO CARLOS DRUMMOND

No meio do caminho
Tinha uma flor,
Tinha uma flor
No meio do caminho.
A única flor do destino,
Das vidas em desatino.

No meio do caminho
Tinha um gigante,
Tinha um gigante
No meio do caminho.
Um gigante de tanto carinho,
De fé e flor sem espinho.

No meio do caminho
Tinha um amor,
Tinha um amor
No meio do caminho.
Um amor pelo descaminho
Das vidas fora do ninho.
Padre Júlio, um homem sozinho!

ENCONTROS DO MAR

Ah! Como é bom recordar
Que nada impede de amar!
O Mediterrâneo e o Atlântico
A bordo de um transatlântico,
Decidem se flertar.
Ousam então estreitar
As águas que movem o mar.

Foram apostas e promessas,
Dessas que só cabe rezar,
Singrando sem muita pressa,
Aguardando o mar serenar.
Ser o mar...
Marear
Ver o mar...
Serenar.

Vazantes que vão e vêm,
Enchentes que crescem além,
Correntes que nada detêm,
Ondas que arrocham reféns,
Ventos que cruzam tão bem!

Esse mar que logo adormece,
Cansado de tanto barulho,
É o mesmo que rompe e amanhece,
Buscando de novo o borbulho.

O velho mundo se esgueira,
Vislumbra o novo e proseia,
O mar ao oceano se inteira,
Namora enfim a areia!
Homenagem ao meu pai (espanhol)
E à minha mãe (brasileira)

RELÍQUIAS DA NOSSA HERANÇA

Rodeada por céus e mares,
Montanhas e ventos fortes,
Bem no sul dos vagares,
Habita uma ilha de porte,
De beleza e muita sorte!

O "Morro de São João",
Uma estratégia do Divino,
É uma barreira de proteção
Das borrascas do destino.

O que podemos falar
Da "figueira centenária"?
Com seu coração de pedra
E histórias legendárias,
Viu sua sombra ocultar
A mulher de sete saias,
Folclores e muitas memórias.

Os "canhões" calmos na praça,
Antes, calibres certeiros,
Desenhavam rotas no ar,
No combate aos forasteiros.

O escuro se constelava
No bronze dos "argolões",
Gigantes eram os assentos
Dos marinheiros sedentos,
Das naus do descobrimento.

Quanto orgulho e gratidão
Trazem essas lembranças,
A Igreja de São João,
Palco de muita emoção,
Relíquias da nossa herança!

FELIZ ANIVERSÁRIO, SÃO PAULO!

São Paulo de lindos sotaques,
De muitos falares,
De tantos contrastes,
De sofridos pisares,
De ousados destaques,
De infinitos vibrares.

De sonhos e lares,
De muitos desastres,
De carinhos e dares,
De tantos combates!

De imigrantes distantes,
Migrantes andares,
São Paulo é gestante
De muitos menores,
De luta constante,
De abraços e dores.

São Paulo elegante,
De brilhos solares,
De energia e olhares,
De nuvens amantes
Da luz dos luares!

NOVA ERA

Que emoção sem igual,
Celebrar hoje, afinal...
União e humildade
Exaltadas com tanta verdade,
Pontual e sem arbitrariedade!
É a esperança da democracia
Que vive e não renuncia!

Não há mal que sempre
Dure,
Não há bem que não
Circule,
Não há opressão que não
Censure,
Não há medo que só
Torture,
Mentira que não se
Apure,
Demagogia que só
Perdure.

Capítulo encerrado,
Pesadelo acordado,
Biden recém-empossado!

ÓDIO VERGONHOSO

O ódio que alguém procria,
Não é no inimigo que dói,
É no coração poluído,
Que nasce todo sentido
De um ser que se autodestrói.

O ódio que alguém propaga
Não alivia, nem afaga,
É uma praga venenosa,
Perversa e conflituosa
Numa alma impiedosa.

O ódio que alguém dissemina
É uma arma suicida,
É tóxica, só discrimina,
É danosa com a própria vida,
Intenso rancor que alucina.

O ódio que alguém semeia
É uma tempestade de areia,
Alardeia quando vagueia,
É fumaça que incendeia,
Não creia em quem manuseia!

POESIA... MINHA DOCE TERAPIA

Me ensina a atravessar
Pontes,
A beber água na
Fonte,
A ver o sol por trás dos
Montes,
Procurar até que
Encontre,
Escutar quem não me
Aponte,
Fazer do mar meu
Horizonte!

Me ensina a olhar com
Sutileza,
Ver a lua com
Beleza,
A escrever com mais
Leveza,
Ver o falso com
Frieza,
A confessar minha
Fraqueza,
Colapsar tanta
Pobreza,
Mudar meu mundo com
Certeza!

VOSSA MAJESTADE: A PALAVRA

Quase parente da lua,
Livre e iluminada,
É a minha inspiração,
Abstrata e desenfreada.
Quando encontra meu coração,
Travestida de palavras,
É concreta de emoção,
Descabida de ilusão.

As palavras têm vida própria,
Às vezes, surpreendentes,
Dramatizam várias memórias,
Replicam na nossa mente.

São luzes que alguns não verão,
São sombras que aqui estão,
São sons que se ouvem e se vão,
São silêncios na agitação!

Se me perco nos alinhavos
Das rimas em construção,
Me tranquilizam as palavras
Costurando o texto e a reflexão.

Então, meu fazer poético
Se rende a essa magia,
Tem fome do incomum,
Combate seu próprio jejum.

GRITOS AFLITOS

Sobre tantos mistérios
Que permeiam os critérios,
Sobre tantos conflitos
Que brigam aflitos,
Sobre tantos destaques
Que abrigam combates,
Sobre tantas condutas
De mentiras absolutas.

Ando severa de atos
Pra desnudar os boatos.
Ando digerindo fumaça
Pra driblar a pirraça.
Ando faminta de veneno
Pra distrair os serenos.
Ando sedenta de abrigo
Pra confundir o inimigo.

UM CERTO LUGAR

Estar sem lugar...
Sem horizonte pra olhar,
Sem espaço pra caber,
Sem sorriso pra colher.

Sem chão e sem caminho,
Num silêncio repentino.
Que bravura ser menina!

Lar sem dentro, só fora,
Teto que não escora,
Porta que te ignora.

Num matutar vespertino,
A janela descortino,
Sem juízo, nem cautela
Desafio o destino,
A meninice me espera.

Que tempo é esse agora?
Só vejo nuvens lá fora,
Aqui dentro é clandestino
O regressar matutino.
Volvido, o mar comemora
O ocaso onde mora o menino!

INFORTÚNIO INSACIÁVEL!

Que inesgotável
Essa incomum invertida,
Indiferente e incontida,
Infindável e enxerida!

Inerente, intolerante,
Insensata, inconsequente,
Insalubre, inoportuna,
Indomável, infelizmente!

Insensível, insana,
Ineficaz, incompetente,
Inoperante, indecente,
Insônia dos inocentes.

DESTEMPERANÇA

Continuar sustentando
Que a eleição foi fraudulenta
É um ataque à democracia,
É uma arrogância sangrenta,
É a voz da prepotência.

Incitar a população
Numa tentativa de golpe
É covardia, é insurreição,
Só mentiras inconsequentes,
Sem respeito à constituição.

Biden está eleito,
Está decidido, está feito.
Aceite a derrota, Trump,
Seu protesto é puro despeito!

SEM CORRENTES

Escrevo pra libertar
Meu eu que é
Recluso.
Por mais que eu busque,
É confuso.
Por mais que eu tente,
É escuso!

De todas as versões
Que possuo,
Sou todas e nenhuma
Excluo.
Sou uma, quando todas
Consumo.
Sou nada e tudo
Assumo.
Sou tudo e nada
Resumo.
Sou mescla quando
Presumo!

Compor resgata o curso
Da alma, nesse
Percurso,
Desveste o nó do
Impulso,
Materializa a voz do
Discurso!

2021, A NOVA MORADA

A chuva cai muito fina,
Deixou de ser claro lá
Fora.
A noite, sozinha, se inclina
E chora pela lua de
Outrora.
Seu eco amplia e
Demora,
Não ouve quem já foi
Embora.
O escuro, então, se aproveita
E espalha seu medo
Afora,
Pela fresta do olho espreita
O alvorecer que acorda e
Decora.
O dia invade a noite
E pinta os tons da
Aurora.
Não escapa nenhuma ternura,
Quando o dia a noite
Devora.
Envolve o medo a doçura,
Traz esperança na
Hora.

No escuro que é claro
Agora,
No ano em que o dia
Mora!

APENAS LEMBRANÇAS

Vocês podem não se lembrar,
Mas minha mãe me ensinou a amar,
Me ensinou também a chorar
Sem perder a doçura do olhar.
Conheci com ela esse amor...
Aprendi no amor e na dor!

Mas aquela ternura do olhar,
Ainda não consegui captar,
Uma luz que reluz no luar,
Que só nela podia brilhar!

Como "Brilham no céu as estrelas,
Nestas noites sem luar",
Como ela, também Cananéia,
Era linda de se entoar!

Aprendi a amar minha terra,
Nas canções que a vi cantar,
Na emoção que o tempo descerra,
Nos diálogos da terra com o mar.

Me dizia que a ilha encantada
Era impossível de ser explicada,
Merecia ser musicada,
Com solos e sons, embalada,
Com luas e sóis, ilustrada!

Lamento não ser a indicada.
Mãe... eu não sei musicar,
Eu só sei meus poemas contar,
Quem sabe um dia alguém
Possa comigo versar,
Cantar poesia e além...
Criar melodia e rimar,
Pra que sejam cantigas também!

EXPRESSO 2020

Que expresso foi esse
Que passou a todo vapor?
Entrou num túnel de abate
Sombrio e ensurdecedor.
Não deu direito a resgate,
Devastou tudo ao redor.

Não perdoou nenhuma estação:
Estação do frio e do norte,
Estação da flor e sol forte,
Estação do sul sem suporte,
Estação de ida sem porte,
Estação da vida e da morte!

Não escolheu passageiros,
Nem exigiu passaportes,
Foi gente do mundo inteiro,
Foi falta de quem se importe.
Estrangeiros e brasileiros
Partiram nessa viagem,
Sem ritual de partida,
Sem funeral nem despedida!

Não perguntou a origem,
Idade ou nacionalidade,
Simplesmente olhou a passagem
Com prazo de validade,
Com dor e sem piedade!

Já vejo se avizinhando
O fim, na última estação,
Quem sofre, desce rezando,
Pedindo, quase implorando,
Aguardando o próximo trem:
Que seja leve e do bem,
Que não atropele ninguém,
Que não faça a vida refém,
Que venha brando... Amém!

HERANÇAS DA MINHA MÃE

Assim eu cresci...

Assim... a "Deusa da minha rua"
Cantava pra mim,
Nos "Meus tempos de criança"
Nas "Conversas de botequim".

"Fica comigo esta noite",
"Ouça" o meu coração,
"Segredos", que "Nem às paredes confesso",
Momentos de "Fascinação".

"Aos pés da Santa Cruz",
Num "Feitio de oração",
Fiz "Um último desejo",
"Nada além", que emoção!

"Atire a primeira pedra"...
"Por causa de você"
"Meu mundo caiu".
Foi "Meu primeiro amor",
Meu "Chão de estrelas" ruiu!

"Prece ao vento", "Ave Maria",
"E o destino desfolhou".
"Negue"... "Risque" a melodia
E a "Prova de carinho" que amou!

"Quando eu me chamar saudade",
"Jura-Me", "Solamente una vez".
Na "Valsa da despedida",
"Que será" da minha vida?
Cantemos "La Cumparcita"
Nesta "Noite Feliz!"

Esta poesia dedico à Marli dos Santos Costa, grande amiga da minha mãe.

REMANSO DA INQUIETUDE

Na inquietude, um remanso
Manso de devaneios
Em meio ao caos do descanso.
Canso de tantos anseios
No seio desse balanço.

Danço a tantos gorjeios
Alheia ao fim e ao começo,
Meço e despeço meu freio,
Floreio e me resplandeço.

Tropeço e não baqueio,
Receio tudo que esqueço,
Aqueço e viro do avesso
O verso do meu bloqueio.

JÁ TIVE MEDO

Já tive medo do tempo,
De perder o que acalento,
De morrer de encontro ao vento,
De sofrer de sentimento,
De ouvir meu pensamento.

Já tive medo...
De viver em desalento,
De expor meu pensamento,
De não ser o que aparento,
De atropelar o sofrimento,
De desmandar o que sustento,
De esquecer meu nascimento!

Mas o tempo... em tempo...
Me provou que ter talento
É de Deus e é do tempo.
Que ter medo é sofrimento,
É não viver o seu momento,
É morrer antes do tempo,
É não estar no advento!

Já tive medo...

RESPIRO

Inspiração é ar, é alívio,
É cura, é ventilação,
Respiração que liberta do sono,
Os dons da inspiração!

Imaginação é ócio, é liberdade,
É centelha de expressão,
Devaneio da realidade,
Lealdade da emoção!

Revelação é furor, é arrepio,
É surto, é calafrio,
Suspiro de intuição,
Lampejo e desafio!

Aspiração é sonho, é desejo,
É frescor, é fantasia,
É um clarão repentino,
Um poder que silencia!

Criação é paixão, é divino,
É fatia de gratidão,
É sonho, é identidade.
Parece não ser verdade,
Esse sussurro no coração!

A LUA ONDE EU NASCI

Acho que eu mesma escolhi
O cantinho onde nasci,
Só querências lembro enfim,
Doces demais pra omitir!

A lua na minha terra
Sempre surge mais bela,
Faz suspirar sem cautela,
Espreitando a minha janela!

Chega a perder o sentido,
Vestida de tempestade,
Chora o luar abatido,
Será sempre majestade!
Todo firmamento festeja,
Comprova essa sinceridade,
É a mesma lua no mundo,
Pra nós, é cumplicidade!

O mar, a seus pés avança,
Cresce, envaidece, balança,
Não há quem a olhe tão nua,
E não a deseje só sua!

A luz que reflete no mar,
Enfeitiça sua própria doçura,
Expulsa a bruma do ar,
Abraça o mar com loucura.
Fica no mar o luar...
Brilhando em meio à bravura!
Homenagem a Cananéia, minha cidade.

A CRUELDADE DO PRAZER

É sério que isso é real?
É isso que o povo merece?
Enquanto a vida padece
Não vejo quem se entristece
Com essa dor nacional.

Quanto escárnio indecoroso!
Lamento muito esse jogo.
O Brasil continua chorando
Os óbitos do seu povo.
Pra quê?
Indelicadeza e ironia,
Deboche e antipatia,
Desrespeito e zombaria?

Eu só quero entender
O que leva um presidente
A ignorar um projeto vigente,
Aglomerando feliz e contente,
Sem máscara, simplesmente.

É deplorável zombar da covid,
Ostentando esse olhar que agride.
Não visita os hospitais,
Censura as regras nacionais.
Não manifesta nenhuma emoção...
Pelos mortos, não sofre não.
É muita desumanização,
Falta amor, empatia e compaixão.

VESTÍGIOS DE CANANÉIA

Será que pra todo mundo
É assim?
Quanto mais o tempo
Passa,
Mais o meu tempo
Abraça
Lembranças que não têm
Fim.

Lá se vão...
Meus 7 anos de idade,
Saindo pelo portão
Da escola da minha cidade.
Olhando os vestígios no chão
Da chuva, sempre à vontade,
Afoguei a minha paixão
Nas poças de berbigão.

Carimbos sem dó nas calçadas,
Das chuvas tempestuosas,
Marcavam a temporada
Dos raios e trovoadas.

Bem no finzinho da tarde,
No auge da mocidade,
Corríamos para o cais
Debaixo dos temporais,
Mergulhos no mar de verdade!

Marolas? Que nada! Pra quê?
As ondas fogem da gente
Quando o mar é um espelho indolente...
Era como se um rio complacente
Lavasse a alma e a mente.
Naquelas águas salgadas,
Debaixo da chuva pesada,
Relâmpagos recém-chegados
Mostravam vestígios irados
Dos rumos da tempestade.
Ai, que infinita saudade!

Só quem vivenciou essas escapadas
Conhece o sabor das palmadas.

POLARIZAÇÃO

Afinal... o que é hoje normal?
Radicais discordâncias,
Emitir juízo moral...
Achar ser o bem, com arrogância,
E só ver o mal no rival?

Vestir a retórica do ódio,
Disseminar a polarização,
Disputar seu lugar no pódio
Da maior desumanização?

Reduz o opositor a nada,
Diz ser politizado,
Mas só dedica respeito
Aos que estão ao seu lado.
Aplaude o adversário exterminado.

Robustos palavrões endossam
A ausência de argumentos.
Bolhas de grupos engrossam
O ataque ao conhecimento,
Mesmo sem ter fundamento.

Essa é a necessidade
Pra afirmar a autoridade.
Sozinhos são medíocres,
Em grupos são abutres,
Isentos de identidade.

Paladinos da moralidade,
Detentores da verdade.

Desconhecem o diálogo elegante
Pensar... não é importante,
Leva tempo e é desgastante!

CADÊ MEU BRASIL?

Ah! Meu Brasil vaidoso,
De mares e rios deslumbrantes,
Florestas e matas frondosas,
Luares e sóis tão brilhantes!

Ah! Meu Brasil generoso,
Gentil e hospitaleiro,
De braços abertos, bondoso,
Secava o choro estrangeiro.
Que solo hospedeiro,
Boêmio e maneiro,
Era o colo brasileiro!

Brasil...
Cadê sua sutileza,
Seu coração sem frieza,
O zelo pela natureza?
O povo enfrenta a tristeza
Da vida não ter mais leveza,
Da vacina ser uma incerteza,
E a miséria não ter gentileza.

Ah! Meu Brasil brasileiro,
Tão jovem e guerreiro,
Tão rico e brejeiro...

Ah! Meu Brasil...
Senil e doente,
Carente e hostil,
De gente incompetente,
Arrogante e febril.

O PODER DA VITROLA NA DÉCADA DE 60

Em um certo lugar
Pra se amar,
Bem lá de frente pro mar,
Uma vitrola ousa tocar
Melodias além do luar!

Era tudo tão precário,
Tão completo e tão necessário!
Até o vinil com seus riscos
Pedia um dado maneiro
No braço do toca discos.

Hipnose era o estado
Dos jovens extasiados,
As músicas e as emoções
Inovavam as sensações
Dos sonhos dos corações.
Eram os primeiros ensaios
Das ressacas das paixões!

Na clareza das nossas sombras,
Um eu oculto rompia
Nas margens da nostalgia.
Um mundo novo surgia,
De ilusões e fantasias.

Éramos felizes de fato.
Desafios e encantamentos
Cercavam nossos momentos.

Portas e portos se abriam,
Padrões e portões restringiam,
Ao lado, amigos se uniam,
Memórias anoiteciam...
Histórias aconteciam!

SEMPRE MÃES

Mãe... exclusivamente única,
Obrigatoriamente plural,
Misteriosamente mágica,
Naturalmente emocional.
Amadoramente didática,
Simplesmente original.

Mãe não tem manual!
Mães da favela,
Mães das mansões,
Mães sentinelas,
Mães de superação,
Mães da passarela,
Mães da prisão.

Toda mãe é espera,
É busca, é realização,
Toda mãe se esmera
Pra nunca faltar o pão.
Sem comida na panela,
Não tem mãe que não chore não.
A verdadeira mãe é aquela
Que não abandona a missão,
Mesmo sofrendo, revela:
"Do meu filho não abro mão!"

A POESIA EM MIM

Quero fluir no leito dormente,
Sereno, sedento,
Do rio caudalento.

Quero fluir nas águas correntes
Fluentes, despertas,
Amenas, incertas.

Quero fluir nas asas do vento,
No mar violento,
Nos dias cinzentos
De sol nebulento.

Quero fluir na alma vazia,
Na oculta alquimia,
Da imensa ousadia.
Quero fluir todo dia,
Como flui em mim
A poesia...
Minha melhor companhia.

Quero fluir gentilmente,
Livremente fluir...
Ampla mente...
Humilde mente...
Densa mente...
Só mente...
Só!

A FOME NO PODER

Ontem... hoje... agora,
Mais cedo, mais tarde,
Sem hora...
Chega e não vai embora,
Aterrissa e não decola.
É muito sofrer, mundo afora,
É muito a fazer, sem demora.

É a gula que tem a fome,
Que engole todos sem nome...
Digere tudo que come,
Morta de fome, nem dorme.

Esse monstro que apaga sorrisos
Mata invisíveis carentes,
Permanece nos palcos com risos,
Dos governos de erros somente.

O amor é mais forte que a morte,
A fome, não tem quem suporte,
Que todos que podem se importem,
Doando pra quem não tem norte.

CONSTRUÇÃO

Fui filha... genitora,
Fui mulher... professora,
Fui criança... educadora,
Fui líder... gestora!

Sou resistente e opositora,
Sou curiosa e leitora,
Sou profissional e amadora,
Sou sensível e batalhadora!

Indignada... escritora,
Protagonista... espectadora,
Imperfeita...vencedora,
O avesso da opressora!

RESGATE

Hoje, com a vaga certeza
Que me troquei por palavras,
Sigo driblando fraquezas,
Com timidez e firmeza.

Vou ensaiando meus passos
Incertos, buscando progresso,
Com tombos que me engraço,
Com outros que me estresso.
Sempre que posso, viajo,
Ao meu passado, regresso,
Perdoo meus desagrados,
Agradeço meus insucessos.
Para crescer, me resguardo,
Eu me revejo, confesso.

Se a hipnose é meu estado
Quando me abraça a neurose,
A palavra é a linha que cose,
Que desenrola os retroses,
Me sutura em pequenas doses.

SOBREVIVER É PRECISO

Daquele lugar eu conhecia bem pouco. Era uma coisa de louco, descortinar sinais e lugares, símbolos e paladares, cultura e choque de olhares, gritos e julgamentos, num simples movimento de abastecer seu sustento nas compras de um supermercado.

Como é que se sobrevivia, se tudo que o povo via era um monte de desnecessidades, compradas por vaidade, com dinheiro que eles não tinham, nem quando lhes atribuíam o miserável salário?

Após uma caminhada, chegando bastante cansada, faço a despedida da minha parceira de estrada.

Nesse mundo desconhecido, nada fazia sentido. Mas... ser surpreendida com um par de sapatos chinês, num gesto nada cortês, no calor do meu refúgio, pra me assustar talvez? Nem contei até três, um delírio de lucidez me acertou sem sensatez. Desci os lances da escada, bastante acelerada, sem olhar para trás, nem pra nada.

Vou começar do zero, subindo andar por andar, sem esquecer o mistério. Quem sabe, na pressa da hora, vi desatenta de fora uma porta que não era a minha, só pra entrar sem demora? Dessa vez, nada me abduziu, nem mesmo o arrepio que me tomou conta e subiu, pra testemunhar o desafio no momento que a porta se abriu. Lá se mantinham os sapatos, imóveis e nada sensatos. Só não pude ver o retrato de quem os descalçou de fato.

Fiquei enlouquecida com essa cilada invertida que a vida havia me apresentado. Ainda palpitante, sem fôlego nesse instante, entrei em desespero, com medo do assaltante. À minha amiga recorri, com palidez resisti. Narrei o ocorrido, acelerada e emudecida, sem acreditar ter percorrido tal distância correndo perigo.

Juntas voltamos ao prédio, não havia outro remédio senão tocaiar o assédio.

Subimos com todo cuidado, olhando pra todo lado, quando ouvimos um descer pisado.

— Olhe para os pés, disse minha amiga, veja se reconhece o calçado.

— Sim — respondi — é o próprio, estampado na minha cara, nos pés da proprietária, que achou desnecessário comunicar sua visita arbitrária.

"Isso não pode ocorrer", disse o policial chinês. Não se invade um imóvel que está legalmente alugado, por ser simplesmente a dona que se considera inimputável. Por essa violação, existe uma pena em questão, por certo leva à prisão.

Temerosa com a condenação, estudou uma solução pra resolver a situação: trocar a fechadura e dar as chaves na minha mão.

Nada era comunicado, eu nem recebi o recado que um homem foi contratado pra executar o combinado num amanhã determinado.

Novamente fui alarmada com os chamados exaltados, a campainha disparada atrás da minha porta fechada.

Olhei pelo visor e não reconheci o senhor. Recomeçou todo tremor, um grande pavor me tocou de ver um desconhecido gritando pra ser atendido.

Eu não entendia o que ouvia, tampouco o que ele pedia. Seria tudo tão fácil se o bloqueio do idioma não fosse o pior sintoma de se manter tão frágil!

Como sobreviver sem loucura, em meio a tanta tortura, longe da vida segura, sem desvendar a cultura?

Quem muito acha procura!

Relato de momentos reais vividos por mim, na China em 2006.

POVOS ORIGINÁRIOS

Indígenas... nossa origem
Absoluta
Um povo de fibra que
Luta
Pra preservar sua cultura
E conduta,
Sua ancestralidade
Impoluta!

Imploram a liberdade
Para quem os aprisiona.
Os que tiram a dignidade
Dos que vivem em comunidade
Nas terras que dimensionam
O abismo da pluralidade.

Avizinha-se a morte da terra,
Das vidas que as tribos enterram.
Sabotam costumes e memórias
Dos índios da nossa história.
Garimpam a natureza,
Matam sem gentileza.
A ganância traduz essa fúria,
O "ter" determina a injúria.

Brasil, desperte seus filhos
Para os povos originários!
Sejam muito solidários
Com a nossa antecedência,
Que luta com resistência
Pela própria sobrevivência.

Nosso povo primeiro,
Que vivia por inteiro
O orgulho de ser brasileiro,
Com a vinda dos estrangeiros,
Perdeu o direito verdadeiro.

CORAÇÕES FALIDOS

Quando me deparei
Com tamanha monstruosidade,
Recuei e pensei:
O que faço aqui?
Em qual desvio me perdi?
Este lugar que não sei...
Que não me alegra
E nem busquei...

Não reconheço as figuras
Que se enchem de razão,
De ódio e desinformação,
Não evoluíram o coração,
Condenam sem compaixão.

Reduzidas lacunas separam
A loucura da sanidade,
O amparo da crueldade,
O bem da perversidade.
De olhos boquiabertos,
Eu vejo de verdade
Que os interesses secretos
São muito mais relevantes
Que o bem da humanidade!

HOJE É DOMINGO

Amanhã será também.
É sempre domingo,
É sempre Ano Novo,
É sempre Carnaval,
Mas nada é festivo,
Nada mais é normal.
É sempre feriado,
É sempre Páscoa,
É sempre Natal,
Não sei mais mensurar
O que era normal,
Porque hoje é vital
Viver um mundo irreal.

O eterno calendário
Não existe, é temporário,
O tempo é solitário,
Atemporal e temerário.
Trocados são os horários,
Rodízios são arbitrários,
Recolher é necessário.

Somos uma mistura de tempos...
O passado é um tempo vigente,
O amanhã, nossa esperança carente.
Ainda suspiramos saudades
Do tempo livre insistente
Que o futuro mostrará pra gente.

UMA CRIANÇA PEDIU SOCORRO

Com o coração em pedaços,
Vi no olhar e nos traços
A mentira mais descabida
Ser dita e convencida.
Sem dor nem arrependimento,
Na frieza daquele momento,
Testemunharam sem sentimento
A morte de um nascimento.

O pavor dessa criança
Não foi o suficiente
Pra afastá-lo do agressor,
Que agiu sorrateiro e insistente,
Torturando um menino inocente.

Mãe, onde estava você
Que não veio me socorrer,
Me acolher e proteger?
Eu ainda quero crer
Que você não me viu sofrer,
Nem sonhou que eu podia morrer.
Só assim entenderei você
E seu amor não vou esquecer.

VIDAS BREVES

E os curtos ciclos se vão...
Um a um, após nenhum,
Sorte macabra e incomum,
Sem lugar em tempo algum.
Tombam corpos, tombam vidas,
Tombam vidas esquecidas,
Já é um cenário comum,
Pra quem simplesmente duvida.

A alma sofre despida
O mal que só sente quem lida,
Abrem-se feridas seguidas
No choro da despedida.

Morre um amor de alguém,
Morrem em vida também,
Nem o consolo entretém
A dor de perder alguém.

Nesse efeito dominó,
Ser o último ou o primeiro,
Ser falso ou verdadeiro,
Ser dividido ou inteiro
Não traz o suspiro do pó.
A cadeia derruba sem dó!

MINHA ESTAÇÃO

Agora, o outono segura,
Nas mãos do azul nas alturas,
Mesmo com muita secura,
É tudo uma grande loucura.
O contraste das cores gritantes
É um convite de cura,
Dourados são os poentes,
Nascentes de tons e pinturas.

Outono de lua distante,
Outono de luas brilhantes,
Outono de sol e ternura,
Outono de ar refrescante!

De todas as estações,
O outono é a que mais me fascina,
Ilumina com serenidade,
Serena o calor que alucina.

Folhas mortas desvestem as matas,
Revestem as ruas, seu manto,
Amarelecem as cores sensatas,
Secam e estancam seu pranto.

QUANDO DEIXEI VOCÊ

Cananeia, minha terra querida,
Tão cheia de vida...
Tão plena de histórias,
Tão prata, tão ouro,
Só abriga tesouros
Na minha memória!

Quando saí de mim,
Deixando você assim...
Fui eu que deixei você...
Mas... você nunca saiu de mim.

Me despedi da menina,
Das criancices e rodas,
Dos contos e das crendices.
Fui desfilar outras modas,
Pra outra que em mim nascia,
Adolescia a meninice!

Estranhei tanta mudança
No corpo, na mente, na vida,
Começava a minha andança
Do eu oculto na infância
Pro eu que fazia cobranças.

Lembranças que em mim residem
Dançavam no meu pensamento,
Mostravam a todo o momento
Respostas dentro de mim,
Origem de tudo enfim...
Orgulho de onde vim!

UM PREMEDITADO PESADELO

O perigo é um fio de descuido na distração. Quanta peça o tempo prega, até que a intuição confirme a razão dos seus pressentimentos!

Foram quatro decolagens e aterrissagens insistentes e intermitentes até descermos no aeroporto de Xangai. Mas ainda restavam 150 km pela frente, em terra desconhecida, até chegarmos ao nosso destino final: uma cidade chamada Ping Hu, situada ao leste da costa chinesa.

"Urubus" era como eu chamava aqueles cerceadores de viajantes ocidentais nos aeroportos, estações de trem, portos... que, com argumentos mentirosos e rapidez nas atitudes ao arrastar nossas malas com naturalidade, convenciam nosso cansaço a entrar num táxi clandestino.

A espera pelo motorista da empresa foi em vão. Idas e vindas malsucedidas ao desembarque levaram o funcionário a abortar da missão de nos esperar. Foram duas horas de atraso e exaustão.

Foram um panorama de terror e insegurança, aqueles minutos que se sucederam dentro de um transporte ilícito.

Acompanhados e pressionados por dois sujeitos que determinavam o ritmo do recomeço, das desonestas negociações e do nosso descontrole emocional, aguardávamos o desenrolar das sombrias intervenções.

Lá fora, uma chuva pesada e persistente insistia em tornar nosso clima mais tenso e assustador. O motorista avançava nas curvas rapidamente, iluminando as árvores que pendiam em todas as direções ao sabor da ventania.

Eu ainda estava muito trêmula, com os olhos fixos na escuridão do nosso caminho, quando desesperada supliquei ao meu marido que entrasse em contato com o assessor da empresa em que ele trabalhava.

Aqueles dois homens precisavam saber que não éramos "filhos de ninguém".

Nós tínhamos conhecimento do medo que os chineses tinham do regime de governo autoritário e retalhador. Foi assim que o agenciador recebeu a informação, pelo telefone, de que éramos pessoas comprometidas com uma empresa que fazia contatos diretos com o Governo.

Continuamos nosso misterioso percurso, sem reconhecer um milímetro daquele asfalto inundado de pedidos de socorro.

Para nossa completa inquietação, o motorista adentrou uma tenebrosa e fúnebre garagem de ônibus.

À medida que o farol iluminava o duvidoso interior, desenhavam-se semblantes de homens furtivos, de braços cruzados, encostados nas carcaças do que um dia foi um meio de transporte.

Desarmados de proteção e segurança, entramos em pânico, na desconfiança da nossa execução. Minhas unhas deixaram sorridentes meias luas marcadas nas palmas das minhas mãos.

O desconhecido continuava nos assombrando com aqueles gestos nervosos e diálogos pouco amigáveis. Após intensa meia hora de debates, outro táxi com aparência de segurança duvidosa encostou e rapidamente fizeram a transferência das nossas bagagens para aquele carro desgastado, ao mesmo tempo que nos empurravam para o seu interior.

Já era meia-noite e meia e nosso pavor pelos barbeiros das estranhas estradas ia recomeçar.

Um silêncio ensurdecedor calava a possível comunicação entre pessoas com culturas e costumes tão distintos.

Permanecíamos num carro macabro, correndo pelas rodovias vicinais totalmente ignoradas por nós.

Entrávamos na madrugada quando o chofer freou repentinamente na divisa de município da nossa cidade e alertou: aqui...chegamos!

— Como assim? Ainda estamos na estrada, faltam 10 km até nossa casa...

Cheio de certezas, ele nos respondeu:

— Até aqui o valor é $500,00, até seu endereço, mais $200,00.

Meu Deus! Nossa bonança ainda dependia de mais explorações. Mais um pagamento marcado pela inconveniência e falta de compromisso das pessoas com a verdade.

Nossa angústia e aflição finalmente chegavam ao fim na chuvosa madrugada.

Mas... nos aeroportos, estações de trem e portos, naquele momento, outras vítimas estavam sendo abordadas para dar início a um novo pesadelo.

Baseado em fatos reais vividos por mim na China em 2006.

MULHERES

Mulheres... milhares...
Nas ruas, nos lares,
Nos lares das ruas,
Estreitos lugares,
Da glória só sua!

Mulheres... milhares...
Na busca diária
Do norte dos pares,
Guerreiras lendárias,
Maior das maiores!

Mulheres... milhares...
Julgadas pelos olhares,
Assédios e preconceitos,
Vulneráveis, são os pilares
Das lutas por seus direitos!

Mulheres... milhares...
São filhas, são mães, são sustento,
Sem flores e sem jantares,
Autoras dos seus manjares,
Desejam um pouco de alento!

Mulheres... milhares...
De todas as suas versões,
Ser mulher é o melhor dos lugares.
Feridas, levantam a face,
Iluminam apesar dos pesares.
Mulher, seja o que desejar,
Senhora de todos os ares.

CATÁSTROFE

Um estrondo me arrepiou,
Abriu soluços no céu,
Meu olho aberto fechou,
Chorou o pranto fiel,
Flagelos de um tempo cruel!

Até o chão se levanta,
Fica temendo loucuras...
Entre horror e ternura,
A terra estremece insegura.
Nas gretas das rupturas,
O solo perdeu a frescura.

O mar sozinho recua,
Desnuda o rastro da lua,
Exibe uma força só sua.
Retorna com toda grandeza,
Se expande na natureza,
Não há o que não destrua!

Vidas mergulhadas,
Vidas invadidas,
Vidas arrastadas,
Vidas caídas,
Vidas sem nada!

É uma tragédia maldita,
A pior de todos os tempos,
Abandono é o sentimento.
Lamentos de vidas banidas,
Desfile de lutos infindos,
Sadismo de quem preside,
Desesperança frente à covid!

CARTAS ENCOMENDADAS

Em tempos desenrugados,
De sonhos desgovernados...
Nos olhos dos namorados,
Conflitos e amores guardados.
Nesse lugar que eu resgato,
Me atribuíram saberes,
Incumbências e afazeres,
Desafios e prazeres,
Acanhados escreveres.

Experimentei ser palavra,
Textos e poesias,
Fui a primeira mensagem
Para um amor que nascia.
Cúmplice do meu pensamento,
Manifestei com sentimento
A paixão que alguém sentia.

Sorria uma amiga querida
Com ares de gratidão:
— "Os seus dizeres tão mansos
Selaram o meu coração"!

Fui carta,
Fui papel,
Fui linguagem,
Fui bilhete de aluguel!

Nos anos 67, 68 e 69...

SEGREGAÇÃO

O povo precisa de
Trégua,
Suplica o amor que
Agrega.
Já suportou muitas
Léguas
Dos horrores que hoje são
Regras.
Muita consciência se
Entrega,
Por força da dor que
Segrega,
Sem argumentos,
Navega
Na nuvem que
Desagrega.
É sombra que não
Sossega,
É sol que não brilha...
Cega.

IMPOTÊNCIA

Perder a mãe
Para o tempo
É perder sua memória,
Seu alento e suas escoras,
Para o tempo
Que vem de dentro,
Para o tempo
Que vem de fora.

O pensamento acelera,
Atropela e para.
O sentimento chora,
A boca não fala,
A alma decola.

É só lembrança do amparo,
É só um vazio que mora,
É só um galho sem tronco,
É só uma dor que devora.

DESESPERANÇADOS DE IDENTIDADE

Agora...
Que a via é mão dupla,
É preciso expandir os caminhos,

É preciso ampliar os destinos,
É preciso um querer clandestino.

Começa, então, a corrida,
Na busca do pão e saídas...
Pés vestidos,
Pés ricaços,
Pés desnudos, no encalço.
Pés sangrando no asfalto,
Pés fadados ao fracasso.

Nessa disputa infame,
Ninguém percebe os sem nome,
Ficam sonhando sucessos
Sem chance de um progresso.

Extensas são as distâncias,
Que cruzam com inconstância,
Exaustos os pés não suportam
A fome que não tem relevância.

Desesperançados de identidade
Padecem de invisibilidade.

SAMBA DA SALVAÇÃO

Um brinde ao samba de breque,
Ao samba da bênção,
Ao samba moleque.
Um brinde ao samba canção,
Ao samba de enredo,
À vacinação.

Salve o partido alto,
O samba de roda e a exaltação.
Viva o chorinho que alegra
O sorriso do samba da imunização.

Um brinde ao samba do morro,
À bossa nova e à gafieira.
Salve o vírus que morre
No samba rock e na capoeira.

Samba de todas as notas,
Samba de uma nota só.
Vacina no samba de volta,
Vacina no braço sem dó.

CONTRA O TEMPO

A vida é um movimento
Híbrido e turbulento,
Denso igual ao vento,
Lento e violento,
De idas só,
Como o tempo...
Rápido e sonolento,
Que burla a morte, escrevendo.

Rodeia, dá voltas,
Não volta no tempo.
Arrebenta, consola,
Não vê contratempos.
Só vai e não volta,
Viver nem dá tempo.
Que pena que a vida
Só tem um momento,
O homem e seu nascimento!

REFLORESCER

Se alguém me questionasse
Qual seria a minha sensação
De deixar esse legado
Inesperado e tão desejado
De ter um livro autenticado,
Eu diria com toda emoção:
Mais vidas eu viveria,
Mais esperanças eu brindaria,
Mais ilusões sonharia,
Mais desafios venceria,
Para perpetuar a gratidão
Do dom da inspiração.

Me senti enverdecer,
Restaurar todo meu ser,
Ao enveredar por espaços
Antes impossíveis de crer.

Ah! É muito gratificante
Aguardar um "sim" importante,
Um "aceite" credenciado,
Um conteúdo parabenizado,
Considerado bem relevante.

Me sinto reamanhecer,
Reflorir e rejuvenescer
Por tanta credibilidade.
No tempo de Deus,
Apesar da idade,
Faço meu segundo livro nascer,
Transformar minha realidade,
Ameninar meu embranquecer.

E SE EU FOSSE IMORTAL?

Ah... se eu fosse imortal...Que grande felicidade!
Sem prazos de validade,
Sem destino final,
Sem limites de idade,
Sem perigo fatal,
Sem medo de enfermidades.

Não teria bordas e beiras,
Transcenderia fronteiras
Sem divisas de contenção,
Sem períodos e restrição,
Sem confins e conclusão.

Finalmente estaria presente,
Pra sempre
Com meus descendentes.
Veria crescerem meus netos...
Casarem e terem afetos.
Viriam, então, os bisnetos,
Trinetos e tataranetos,
E eu sondando sonetos
Do início dos meus desafetos.

RAÍZES E CICATRIZES

Veria a finitude
De todos no meu percurso,
E a dor da solitude,
Calaria o meu discurso.

Ser eterna e atemporal
Passou a ser crucial.
A extensa longevidade
Só despertou a saudade
Que a vida sem arremate
Esconde do ser temporal.
A verdadeira felicidade
Está no tempo real
De viver com intensidade
Por ser um simples mortal.

A minha imortalidade
Está neste livro afinal.